Veganismo en la cocina 2023

Sabores, texturas y nutrientes para una alimentación saludable y sostenible

Carmen Vega

Resumen

Hongos shitake fritos con tomates cherry 9
Chirivías asadas y champiñones con nueces de macadamia 11
Champiñones fritos con tomates cherry y piñones 13
Patatas fritas al curry 15
Espinacas asadas y chirivías 17
Repollo asado y batatas 19
Zanahorias y berros fritos al estilo Szechuan 21
Cebollas y nabos fritos picantes y especiados 23
zanahorias al curry 26
Espinacas asadas picantes y cebolla 28
batatas al horno y espinacas 30
Nabo asado, cebolla y espinacas 32
Berros y zanahorias asadas con mantequilla vegana 34
Brócoli asado y espinacas 36
coliflor frito ahumado y cebolla 38
Remolacha italiana asada y col rizada 40
Berros y patatas fritas 43
Espinacas asadas con aceitunas 45
Espinacas asadas con chile jalapeño 47

- Curry de espinacas fritas 49
- Brotes de soja tailandeses picantes fritos 51
- Espinacas picantes y nabos de Sichuan 53
- Berro tailandés Zanahoria y cebolla 55
- Ñames fritos y batatas 58
- Patatas y ñame blanco asado 60
- Chirivías y nabos húngaros 62
- Espinacas asadas simples 64
- Espinacas y zanahorias asadas del sudeste asiático 66
- Repollo y coles de bruselas fritas 68
- Espinacas con curry y patatas 70
- Curry de boniato y col rizada 73
- Berros jalapeños y chirivías 75
- Berros y brócoli en salsa de chile y ajo 77
- Col china picante y brócoli 79
- Espinacas y champiñones Shitake 81
- Espinacas y patatas con pesto 83
- Batatas con curry y col rizada 85
- Nabos y nabos al pesto 87
- Acelgas y zanahoria al pesto 88
- Col china y zanahorias en salsa de chili y ajo 89
- nabos y chirivías cocinados a fuego lento 91
- Col y brócoli cocinados a fuego lento 92
- Escarola y zanahorias cocinadas con pesto 93

Lechuga romana y coles de Bruselas en cocción lenta 94
Escarola y patatas cocidas a fuego lento 95
Remolachas y nabos a fuego lento con mantequilla vegana vegana 97
Repollo y chirivías al vapor en mantequilla vegana 99
Espinacas y Zanahorias Cocidas Lentamente al Estilo Chino 100
Col china y zanahorias cocidas a fuego lento 101
Cocción lenta de microverduras y patatas 103
Verduras y patatas cocidas a fuego lento 105
Col morada y patatas cocidas a fuego lento 107
Col y zanahorias cocidas a fuego lento 108
Escarola cocinada a fuego lento en salsa pesto 109
Nabos a fuego lento con pesto 110
Col china cocida a fuego lento en salsa de judías amarillas 111
grelos y patatas hervidas al pesto 113
Hongos shitake fritos con tomates cherry 114
Chirivías asadas y champiñones con nueces de macadamia 116
Champiñones fritos con tomates cherry y piñones 118
Patatas fritas al curry 120
Espinacas asadas y chirivías 122
Repollo asado y batatas 124
Zanahorias y berros fritos al estilo Szechuan 127
Cebollas y nabos fritos picantes y especiados 129
zanahorias al curry 131

Espinacas asadas picantes y cebolla 133

batatas al horno y espinacas 136

Nabo asado, cebolla y espinacas 138

Berros y zanahorias asadas con mantequilla vegana 140

Brócoli asado y espinacas 142

coliflor frito ahumado y cebolla 144

Remolacha italiana asada y col rizada 146

Berros y patatas fritas 148

Espinacas asadas con aceitunas 150

Espinacas asadas con chile jalapeño 152

Curry de espinacas fritas 155

Brotes de soja tailandeses picantes fritos 157

Espinacas picantes y nabos de Sichuan 159

Berro tailandés Zanahoria y cebolla 161

Ñames fritos y batatas 163

Patatas y ñame blanco asado 165

Chirivías y nabos húngaros 167

Espinacas asadas simples 169

Espinacas y zanahorias asadas del sudeste asiático 171

Repollo y coles de bruselas fritas 173

Espinacas con curry y patatas 175

Curry de boniato y col rizada 178

Berros jalapeños y chirivías 180

Berros y brócoli en salsa de chile y ajo 182

Bok Choy picante y brócoli 184
Espinacas y champiñones Shitake 186
Espinacas y patatas con pesto 188
Curry de boniato y col rizada 190
Nabos y nabos al pesto 192
Acelgas y zanahoria al pesto 194
Bok Choy y zanahorias en salsa de chili y ajo 196
nabos y chirivías cocinados a fuego lento 198
Cocine al vapor el repollo y el brócoli 200
Escarola y zanahoria al pesto 202
Ensalada romana y coles de Bruselas a fuego lento 204
Escarola y patatas cocidas a fuego lento 206
Remolachas y nabos a fuego lento con mantequilla vegana vegana 208
Repollo y chirivías al vapor en mantequilla vegana 210
Espinacas y Zanahorias Cocidas Lentamente al Estilo Chino 212
Bok Choy y Zanahorias en Olla de Cocción Lenta 214
Cocción lenta de microverduras y patatas 217

Hongos shitake fritos con tomates cherry

ingredientes

1 kilo de nabos, cortados por la mitad

2 cucharadas de aceite de oliva virgen extra

1/2 libra de hongos shitake

8 dientes de ajo sin pelar

3 cucharadas de aceite de sésamo

sal marina y pimienta negra molida al gusto

1/4 de libra de tomates cherry

3 cucharadas de anacardos tostados

1/4 kilo de espinacas, en rodajas finas

Precaliente el horno a 425 grados F.

Extender las patatas en una sartén.

Rocíe con 2 cucharadas de aceite y hornee por 15 minutos, volteando una vez.

Añadir los champiñones, con el tallo hacia arriba.

Añadir los dientes de ajo a la sartén y freír hasta que estén ligeramente dorados.

Sazone con 1 cucharada de aceite de sésamo, sazone con sal marina y pimienta negra.

Volvemos a meterlo en el horno y horneamos durante 5 minutos.

Agregue los tomates cherry a la sartén.

Regrese al horno y hornee por 5 minutos hasta que los champiñones estén suaves.

Espolvorea los anacardos sobre las patatas y los champiñones.

Servir con espinacas.

Chirivías asadas y champiñones con nueces de macadamia

ingredientes

1 kilo de chirivías, cortadas por la mitad

2 cucharadas de aceite de oliva virgen extra

1/2 libra de champiñones champiñones

8 dientes de ajo sin pelar

2 cucharadas de tomillo fresco picado

1 cucharada de aceite de oliva virgen extra

sal marina y pimienta negra molida al gusto

1/4 de libra de tomates cherry

3 cucharadas de nueces de macadamia tostadas

1/4 kilo de espinacas, en rodajas finas

Precaliente el horno a 425 grados F.

Extender las chirivías en una sartén

Rocíe con 2 cucharadas de aceite de oliva y cocine por 15 minutos, volteando una vez.

Añadir los champiñones, con el tallo hacia arriba.

Añadir los dientes de ajo a la sartén y freír hasta que estén ligeramente dorados.

Espolvorear con tomillo.

Sazone con 1 cucharada de aceite de oliva, sazone con sal marina y pimienta negra.

Volvemos a meterlo en el horno y horneamos durante 5 minutos.

Agregue los tomates cherry a la sartén.

Regrese al horno y hornee por 5 minutos hasta que los champiñones estén suaves.

Espolvorea las nueces de macadamia sobre las patatas y los champiñones.

Servir con espinacas.

Champiñones fritos con tomates cherry y piñones

ingredientes

1 kilo de papas, cortadas por la mitad

2 cucharadas de aceite de oliva virgen extra

1/2 libra de champiñones champiñones

8 dientes de ajo sin pelar

2 cucharaditas comino

1 cucharadita. semillas de achiote

½ cucharadita de pimienta de cayena

1 cucharada de aceite de oliva virgen extra

sal marina y pimienta negra molida al gusto

1/4 de libra de tomates cherry

3 cucharadas de piñones tostados

1/4 kilo de espinacas, en rodajas finas

Precaliente el horno a 425 grados F.

Extender las patatas en una sartén.

Rocíe con 2 cucharadas de aceite de oliva y cocine por 15 minutos, volteando una vez.

Añadir los champiñones, con el tallo hacia arriba.

Añadir los dientes de ajo a la sartén y freír hasta que estén ligeramente dorados.

Espolvorea con comino, pimienta de cayena y semillas de achiote.

Sazone con 1 cucharada de aceite de oliva, sazone con sal marina y pimienta negra.

Volvemos a meterlo en el horno y horneamos durante 5 minutos.

Agregue los tomates cherry a la sartén.

Regrese al horno y hornee por 5 minutos hasta que los champiñones estén suaves.

Espolvorear los piñones sobre las patatas y los champiñones.

Servir con espinacas.

Patatas fritas al curry

INGREDIENTES

1 ½ libras de papas, peladas y cortadas en trozos de 1 pulgada

½ cebolla, en rodajas finas

taza de agua

½ cubo de vegetales, desmenuzado

1 cucharada. Aceite de oliva virgen extra

½ cucharadita de comino

½ cucharadita de cilantro molido

½ cucharadita de garam masala

½ cucharadita de pimentón picante

pimienta negra

½ kilo de espinacas frescas, picadas en trozos grandes

Ponga todos los ingredientes excepto el último en una olla de cocción lenta.

Coloque un puñado de espinacas encima y apague la olla de cocción lenta.

Si no puede caber todo de una vez, cocine primero la primera porción y agregue más espinacas.

Cocine durante 3-4 horas a fuego medio hasta que las patatas estén blandas.

Raspe los lados y sirva.

Espinacas asadas y chirivías

INGREDIENTES

1 ½ libras de chirivías, peladas y cortadas en trozos de 1 pulgada

½ cebolla roja, en rodajas finas

taza de agua

½ cubo de vegetales, desmenuzado

1 cucharada. Aceite de oliva virgen extra

½ cucharadita de comino

½ cucharadita de semillas de achiote

½ cucharadita de pimienta de cayena

½ cucharadita de pimentón picante

pimienta negra

½ kilo de espinacas frescas, picadas en trozos grandes

Ponga todos los ingredientes excepto el último en una olla de cocción lenta.

Coloque un puñado de espinacas encima y apague la olla de cocción lenta.

Si no puede caber todo de una vez, cocine primero la primera porción y agregue más espinacas.

Cocine durante 3-4 horas a fuego medio hasta que las patatas estén blandas.

Raspe los lados y sirva.

Repollo asado y batatas

INGREDIENTES

1 ½ libras de batatas, peladas y cortadas en trozos de 1 pulgada

½ cebolla, en rodajas finas

taza de agua

½ cubo de vegetales, desmenuzado

1 cucharada. Aceite de oliva virgen extra

½ cucharadita de comino

½ cucharadita de chile jalapeño, picado

½ cucharadita de pimentón

½ cucharadita de pimentón picante

pimienta negra

½ kilo de repollo fresco, picado grueso

Ponga todos los ingredientes excepto el último en una olla de cocción lenta.

Coloque un puñado de col rizada encima y llene la olla de cocción lenta.

Si no puede meterlo todo de una vez, deje que el primer lote se cocine primero y agregue más repollo.

Cocine durante 3-4 horas a fuego medio hasta que las patatas estén blandas.

Raspe los lados y sirva.

Zanahorias y berros fritos al estilo Szechuan

INGREDIENTES

1 ½ libras de zanahorias, peladas y cortadas en trozos de 1 pulgada

½ cebolla roja, en rodajas finas

taza de agua

½ cubo de vegetales, desmenuzado

1 cucharada. aceite de sésamo

½ cucharadita de 5 especias chinas en polvo

½ cucharadita de pimienta de Szechuan

½ cucharadita de pimentón picante

pimienta negra

½ libra de rábano picante de agua dulce, picado en trozos grandes

Ponga todos los ingredientes excepto el último en una olla de cocción lenta.

Coloque un puñado de berros encima y apague la olla de cocción lenta.

Si no puede ponerlo todo de una vez, deje que el primer lote se cocine primero y agregue más berros.

Cocine durante 3-4 horas a fuego medio hasta que las zanahorias estén blandas.

Raspe los lados y sirva.

Cebollas y nabos fritos picantes y especiados

INGREDIENTES

1 ½ libras de nabos, pelados y cortados en trozos de 1 pulgada

½ cebolla, en rodajas finas

taza de agua

½ cubo de vegetales, desmenuzado

1 cucharada. Aceite de oliva virgen extra

½ cucharadita de comino

½ cucharadita de semillas de achiote

½ cucharadita de pimienta de cayena

½ cucharadita de jugo de lima

pimienta negra

½ kilo de espinacas frescas, picadas en trozos grandes

Ponga todos los ingredientes excepto el último en una olla de cocción lenta.

Coloque un puñado de espinacas encima y apague la olla de cocción lenta.

Si no puede caber todo de una vez, cocine primero la primera porción y agregue más espinacas.

Cocine durante 3-4 horas a fuego medio hasta que las verduras de raíz estén blandas.

Raspe los lados y sirva.

zanahorias al curry

INGREDIENTES

1 ½ libras de zanahorias, peladas y cortadas en trozos de 1 pulgada

½ cebolla, en rodajas finas

taza de agua

½ cubo de vegetales, desmenuzado

1 cucharada. Aceite de oliva virgen extra

½ cucharadita de comino

½ cucharadita de cilantro molido

½ cucharadita de garam masala

½ cucharadita de pimentón picante

pimienta negra

½ kilo de repollo fresco, picado grueso

Ponga todos los ingredientes excepto el último en una olla de cocción lenta.

Coloque un puñado de col rizada encima y llene la olla de cocción lenta.

Si no puede meterlo todo de una vez, deje que el primer lote se cocine primero y agregue más repollo.

Cocine durante 3-4 horas a fuego medio hasta que las verduras de raíz estén blandas.

Raspe los lados y sirva.

Espinacas asadas picantes y cebolla

INGREDIENTES

1 ½ libras de zanahorias, peladas y cortadas en trozos de 1 pulgada

½ cebolla, en rodajas finas

taza de agua

½ cubo de vegetales, desmenuzado

1 cucharada. Aceite de oliva virgen extra

½ cucharadita de comino

½ cucharadita de semillas de achiote

½ cucharadita de pimienta de cayena

½ cucharadita de jugo de lima

pimienta negra

½ kilo de espinacas frescas, picadas en trozos grandes

Ponga todos los ingredientes excepto el último en una olla de cocción lenta.

Coloque un puñado de espinacas encima y apague la olla de cocción lenta.

Si no puede caber todo de una vez, cocine primero la primera porción y agregue más espinacas.

Cocine durante 3-4 horas a fuego medio hasta que las verduras de raíz estén blandas.

Raspe los lados y sirva.

batatas al horno y espinacas

INGREDIENTES

1 ½ libras de batatas, peladas y cortadas en trozos de 1 pulgada

½ cebolla, en rodajas finas

taza de agua

½ cubo de vegetales, desmenuzado

2 cucharadas. mantequilla o margarina vegana

½ cucharadita de hierbas provenzales

½ cucharadita de tomillo

½ cucharadita de pimentón picante

pimienta negra

½ kilo de espinacas frescas, picadas en trozos grandes

Ponga todos los ingredientes excepto el último en una olla de cocción lenta.

Coloque un puñado de espinacas encima y apague la olla de cocción lenta.

Si no puede caber todo de una vez, cocine primero la primera porción y agregue más espinacas.

Cocine durante 3-4 horas a fuego medio hasta que las patatas estén blandas.

Raspe los lados y sirva.

Nabo asado, cebolla y espinacas

INGREDIENTES

1 ½ libras de nabos, pelados y cortados en trozos de 1 pulgada

½ cebolla, en rodajas finas

taza de agua

½ cubo de vegetales, desmenuzado

1 cucharada. Aceite de oliva virgen extra

2 cucharaditas ajo picado

½ cucharadita de jugo de lima

½ cucharadita de pimentón picante

pimienta negra

½ kilo de espinacas frescas, picadas en trozos grandes

Ponga todos los ingredientes excepto el último en una olla de cocción lenta.

Coloque un puñado de espinacas encima y apague la olla de cocción lenta.

Si no puede caber todo de una vez, cocine primero la primera porción y agregue más espinacas.

Cocine a fuego medio durante 3-4 horas hasta que los nabos estén suaves.

Raspe los lados y sirva.

Berros y zanahorias asadas con mantequilla vegana

INGREDIENTES

1 ½ libras de zanahorias, peladas y cortadas en trozos de 1 pulgada

½ cebolla, en rodajas finas

taza de agua

½ cubo de vegetales, desmenuzado

1 cucharada. mantequilla/margarina vegana

1 cucharadita de ajo picado

½ cucharadita de jugo de limón

pimienta negra

½ libra de rábano picante de agua dulce, picado en trozos grandes

Ponga todos los ingredientes excepto el último en una olla de cocción lenta.

Coloque un puñado de berros encima y apague la olla de cocción lenta.

Si no puede ponerlo todo de una vez, deje que el primer lote se cocine primero y agregue más berros.

Cocine durante 3-4 horas a fuego medio hasta que las zanahorias estén blandas.

Raspe los lados y sirva.

Brócoli asado y espinacas

INGREDIENTES

1½ kilos de floretes de brócoli

½ cebolla, en rodajas finas

taza de agua

½ cubo de vegetales, desmenuzado

1 cucharada. Aceite de oliva virgen extra

½ cucharadita de comino

½ cucharadita de pimentón picante

pimienta negra

½ kilo de espinacas frescas, picadas en trozos grandes

Ponga todos los ingredientes excepto el último en una olla de cocción lenta.

Coloque un puñado de espinacas encima y apague la olla de cocción lenta.

Si no puede caber todo de una vez, cocine primero la primera porción y agregue más espinacas.

Cocine durante 3-4 horas a fuego medio hasta que el brócoli esté tierno.

Raspe los lados y sirva.

coliflor frito ahumado y cebolla

INGREDIENTES

1 ½ libras de coliflor, pelada y cortada en trozos de 1 pulgada

½ cebolla roja, en rodajas finas

taza de agua

½ cubo de vegetales, desmenuzado

1 cucharada. Aceite de oliva virgen extra

½ cucharadita de comino

½ cucharadita de pimentón picante

pimienta negra

½ kilo de espinacas frescas, picadas en trozos grandes

Ponga todos los ingredientes excepto el último en una olla de cocción lenta.

Coloque un puñado de espinacas encima y apague la olla de cocción lenta.

Si no puede caber todo de una vez, cocine primero la primera porción y agregue más espinacas.

Cocine durante 3-4 horas a fuego medio hasta que las patatas estén blandas.

Raspe los lados y sirva.

Remolacha italiana asada y col rizada

INGREDIENTES

1 ½ libras de remolachas, peladas y cortadas en trozos de 1 pulgada

½ cebolla roja, en rodajas finas

taza de agua

½ cubo de vegetales, desmenuzado

1 cucharada. Aceite de oliva virgen extra

½ cucharadita de aderezo italiano

pimienta negra

½ kilo de repollo fresco, picado grueso

Ponga todos los ingredientes excepto el último en una olla de cocción lenta.

Coloque un puñado de col rizada encima y llene la olla de cocción lenta.

Si no puede meterlo todo de una vez, deje que el primer lote se cocine primero y agregue más repollo.

Cocine durante 3-4 horas a fuego medio hasta que las remolachas estén blandas.

Raspe los lados y sirva.

Berros y patatas fritas

INGREDIENTES

1 ½ libras de papas, peladas y cortadas en trozos de 1 pulgada

½ cebolla, en rodajas finas

taza de agua

½ cubo de vegetales, desmenuzado

1 cucharada. aceite de oliva

½ cucharadita de jengibre molido

2 ramitas de limoncillo

½ cucharadita de cebolla verde, picada

½ cucharadita de pimentón picante

pimienta negra

½ kilo de berros, picados toscamente

Ponga todos los ingredientes excepto el último en una olla de cocción lenta.

Coloque un puñado de berros encima y apague la olla de cocción lenta.

Si no puede ponerlo todo de una vez, deje que el primer lote se cocine primero y agregue más berros.

Cocine durante 3-4 horas a fuego medio hasta que las patatas estén blandas.

Raspe los lados y sirva.

Espinacas asadas con aceitunas

INGREDIENTES

1 ½ libras de papas, peladas y cortadas en trozos de 1 pulgada

½ aceituna verde, en rodajas finas

taza de agua

½ cubo de vegetales, desmenuzado

1 cucharada. Aceite de oliva virgen extra

½ cucharadita de comino

½ cucharadita de pimentón picante

pimienta negra

½ kilo de espinacas frescas, picadas en trozos grandes

Ponga todos los ingredientes excepto el último en una olla de cocción lenta.

Coloque un puñado de espinacas encima y apague la olla de cocción lenta.

Si no puede caber todo de una vez, cocine primero la primera porción y agregue más espinacas.

Cocine durante 3-4 horas a fuego medio hasta que las patatas estén blandas.

Raspe los lados y sirva.

Espinacas asadas con chile jalapeño

INGREDIENTES

1½ kilos de floretes de brócoli

½ cebolla, en rodajas finas

taza de agua

½ cubo de vegetales, desmenuzado

1 cucharada. Aceite de oliva virgen extra

½ cucharadita de comino

8 chiles jalapeños, picados

1 chile ancho

½ cucharadita de pimentón picante

pimienta negra

½ kilo de espinacas frescas, picadas en trozos grandes

Ponga todos los ingredientes excepto el último en una olla de cocción lenta.

Coloque un puñado de espinacas encima y apague la olla de cocción lenta.

Si no puede caber todo de una vez, cocine primero la primera porción y agregue más espinacas.

Cocine durante 3-4 horas a fuego medio hasta que el brócoli esté tierno.

Raspe los lados y sirva.

Curry de espinacas fritas

INGREDIENTES

1 ½ libras de papas, peladas y cortadas en trozos de 1 pulgada

½ cebolla, en rodajas finas

taza de agua

½ cubo de vegetales, desmenuzado

1 cucharada. Aceite de oliva virgen extra

½ cucharadita de comino

½ cucharadita de cilantro molido

½ cucharadita de garam masala

½ cucharadita de pimentón picante

pimienta negra

½ kilo de espinacas frescas, picadas en trozos grandes

Ponga todos los ingredientes excepto el último en una olla de cocción lenta.

Coloque un puñado de espinacas encima y apague la olla de cocción lenta.

Si no puede caber todo de una vez, cocine primero la primera porción y agregue más espinacas.

Cocine durante 3-4 horas a fuego medio hasta que las patatas estén blandas.

Raspe los lados y sirva.

Brotes de soja tailandeses picantes fritos

INGREDIENTES

1 ½ libras de floretes de coliflor, blanqueados (remojados en agua hirviendo, luego sumergidos en agua helada)

½ taza de brotes de soja, enjuagados

½ taza de agua

½ cubo de vegetales, desmenuzado

1 cucharada. aceite de sésamo

½ cucharadita de pasta de chile tailandés

½ cucharadita de salsa Sriracha picante

½ cucharadita de pimentón picante

2 pimientos de ave tailandeses, finamente picados

pimienta negra

½ kilo de espinacas frescas, picadas en trozos grandes

Ponga todos los ingredientes excepto el último en una olla de cocción lenta.

Coloque un puñado de espinacas encima y apague la olla de cocción lenta.

Si no puede caber todo de una vez, cocine primero la primera porción y agregue más espinacas.

Cocine durante 3-4 horas a fuego medio hasta que las patatas estén blandas.

Raspe los lados y sirva.

Espinacas picantes y nabos de Sichuan

INGREDIENTES

1 ½ libras de nabos, pelados y cortados en trozos de 1 pulgada

½ cebolla, en rodajas finas

taza de agua

½ cubo de vegetales, desmenuzado

1 cucharada. aceite de sésamo

½ cucharadita de pasta de ajo y pimienta

½ cucharadita de pimienta de Szechuan

1 anís estrellado

2 pimientos de ave tailandeses, finamente picados

pimienta negra

½ kilo de espinacas frescas, picadas en trozos grandes

Ponga todos los ingredientes excepto el último en una olla de cocción lenta.

Coloque un puñado de espinacas encima y apague la olla de cocción lenta.

Si no puede caber todo de una vez, cocine primero la primera porción y agregue más espinacas.

Cocine a fuego medio durante 3-4 horas hasta que los nabos estén suaves.

Raspe los lados y sirva.

Berro tailandés Zanahoria y cebolla

INGREDIENTES

1 ½ libras de zanahorias, peladas y cortadas en trozos de 1 pulgada

½ cebolla, en rodajas finas

taza de agua

½ cubo de vegetales, desmenuzado

1 cucharada. Aceite de oliva virgen extra

1 cucharada. aceite de sésamo

½ cucharadita de pasta de chile tailandés

½ cucharadita de salsa Sriracha picante

½ cucharadita de pimentón picante

2 pimientos de ave tailandeses, finamente picados

pimienta negra

½ kilo de berros, picados toscamente

Ponga todos los ingredientes excepto el último en una olla de cocción lenta.

Coloque un puñado de berros encima y apague la olla de cocción lenta.

Si no puede ponerlo todo de una vez, deje que el primer lote se cocine primero y agregue más berros.

Cocine durante 3-4 horas a fuego medio hasta que las zanahorias estén blandas.

Raspe los lados y sirva.

Ñames fritos y batatas

INGREDIENTES

½ libra de batatas moradas, peladas y cortadas en trozos de 1 pulgada

1 libra de batatas, peladas y cortadas en trozos de 1 pulgada

½ cebolla, en rodajas finas

taza de agua

½ cubo de vegetales, desmenuzado

1 cucharada. Aceite de oliva virgen extra

pimienta negra

½ kilo de espinacas frescas, picadas en trozos grandes

Ponga todos los ingredientes excepto el último en una olla de cocción lenta.

Coloque un puñado de espinacas encima y apague la olla de cocción lenta.

Si no puede caber todo de una vez, cocine primero la primera porción y agregue más espinacas.

Cocine durante 3-4 horas a fuego medio hasta que las patatas estén blandas.

Raspe los lados y sirva.

Patatas y ñame blanco asado

INGREDIENTES

1/2 libra de papas, peladas y cortadas en trozos de 1 pulgada

½ libra de ñame blanco, pelado y cortado en trozos de 1 pulgada

1/2 libra de zanahorias, peladas y cortadas en trozos de 1 pulgada

½ cebolla roja, en rodajas finas

taza de agua

½ cubo de vegetales, desmenuzado

1 cucharada. Aceite de oliva virgen extra

½ cucharadita de comino

½ cucharadita de cilantro molido

½ cucharadita de garam masala

½ cucharadita de pimienta de cayena

pimienta negra

½ kilo de espinacas frescas, picadas en trozos grandes

Ponga todos los ingredientes excepto el último en una olla de cocción lenta.

Coloque un puñado de espinacas encima y apague la olla de cocción lenta.

Si no puede caber todo de una vez, cocine primero la primera porción y agregue más espinacas.

Cocine durante 3-4 horas a fuego medio hasta que las patatas estén blandas.

Raspe los lados y sirva.

Chirivías y nabos húngaros

INGREDIENTES

1/2 libra de nabos, pelados y cortados en trozos de 1 pulgada

1/2 libra de zanahorias, peladas y cortadas en trozos de 1 pulgada

1/2 libra de chirivías, peladas y cortadas en trozos de 1 pulgada

½ cebolla roja, en rodajas finas

taza de agua

½ cubo de vegetales, desmenuzado

1 cucharada. Aceite de oliva virgen extra

½ cucharadita de pimentón en polvo

½ cucharadita de chile en polvo

pimienta negra

½ kilo de espinacas frescas, picadas en trozos grandes

Ponga todos los ingredientes excepto el último en una olla de cocción lenta.

Coloque un puñado de espinacas encima y apague la olla de cocción lenta.

Si no puede caber todo de una vez, cocine primero la primera porción y agregue más espinacas.

Cocine a fuego medio durante 3-4 horas hasta que los nabos estén suaves.

Raspe los lados y sirva.

Espinacas asadas simples

INGREDIENTES

1 ½ libras de brócoli, pelado y cortado en trozos de 1 pulgada

½ cebolla roja, en rodajas finas

taza de sopa de verduras

1 cucharada. Aceite de oliva virgen extra

½ cucharadita de aderezo italiano

½ cucharadita de pimentón picante

pimienta negra

½ kilo de espinacas frescas, picadas en trozos grandes

Ponga todos los ingredientes excepto el último en una olla de cocción lenta.

Coloque un puñado de espinacas encima y apague la olla de cocción lenta.

Si no puede caber todo de una vez, cocine primero la primera porción y agregue más espinacas.

Cocine durante 3-4 horas a fuego medio hasta que el brócoli esté tierno.

Raspe los lados y sirva.

Espinacas y zanahorias asadas del sudeste asiático

INGREDIENTES

1/2 libra de nabos, pelados y cortados en trozos de 1 pulgada

1/2 libra de zanahorias, peladas y cortadas en trozos de 1 pulgada

1/2 libra de chirivías, peladas y cortadas en trozos de 1 pulgada

½ cebolla roja, en rodajas finas

½ taza de caldo de verduras

1 cucharada. Aceite de oliva virgen extra

½ cucharadita de jengibre molido

2 ramitas de limoncillo

8 dientes de ajo, picados

pimienta negra

½ kilo de espinacas frescas, picadas en trozos grandes

Ponga todos los ingredientes excepto el último en una olla de cocción lenta.

Coloque un puñado de espinacas encima y apague la olla de cocción lenta.

Si no puede caber todo de una vez, cocine primero la primera porción y agregue más espinacas.

Cocine a fuego medio durante 3-4 horas hasta que los nabos estén suaves.

Raspe los lados y sirva.

Repollo y coles de bruselas fritas

INGREDIENTES

1 ½ libras de coles de Bruselas, peladas y cortadas en trozos de 1 pulgada

½ cebolla roja, en rodajas finas

taza de agua

½ cubo de vegetales, desmenuzado

1 cucharada. Aceite de oliva virgen extra

½ cucharadita de pimentón picante

pimienta negra

½ kilo de repollo picado toscamente

Ponga todos los ingredientes excepto el último en una olla de cocción lenta.

Coloque un puñado de col rizada encima y llene la olla de cocción lenta.

Si no puede meterlo todo de una vez, deje que el primer lote se cocine primero y agregue más repollo.

Cocine durante 3 horas a fuego medio hasta que las coles de Bruselas estén blandas.

Raspe los lados y sirva.

Espinacas con curry y patatas

INGREDIENTES

1 ½ libras de papas, peladas y cortadas en trozos de 1 pulgada

½ cebolla, en rodajas finas

taza de agua

½ cubo de vegetales, desmenuzado

1 cucharada. Aceite de oliva virgen extra

½ cucharadita de comino

½ cucharadita de cilantro molido

½ cucharadita de garam masala

½ cucharadita de pimentón picante

pimienta negra

½ kilo de espinacas frescas, picadas en trozos grandes

Ponga todos los ingredientes excepto el último en una olla de cocción lenta.

Coloque un puñado de espinacas encima y apague la olla de cocción lenta.

Si no puede caber todo de una vez, cocine primero la primera porción y agregue más espinacas.

Cocine durante 3-4 horas a fuego medio hasta que las patatas estén blandas.

Raspe los lados y sirva.

Curry de boniato y col rizada

INGREDIENTES

1 ½ libras de batatas, peladas y cortadas en trozos de 1 pulgada

½ cebolla, en rodajas finas

taza de agua

½ cubo de vegetales, desmenuzado

1 cucharada. Aceite de oliva virgen extra

½ cucharadita de comino

½ cucharadita de cilantro molido

½ cucharadita de garam masala

½ cucharadita de pimentón picante

pimienta negra

½ kilo de repollo picado toscamente

Ponga todos los ingredientes excepto el último en una olla de cocción lenta.

Coloque un puñado de col rizada encima y llene la olla de cocción lenta.

Si no puede meterlo todo de una vez, deje que el primer lote se cocine primero y agregue más repollo.

Cocine durante 3-4 horas a fuego medio hasta que las batatas estén blandas.

Raspe los lados y sirva.

Berros jalapeños y chirivías

INGREDIENTES

1 ½ libras de chirivías, peladas y cortadas en trozos de 1 pulgada

½ cebolla roja, en rodajas finas

taza de agua

½ cubo de vegetales, desmenuzado

1 cucharada. Aceite de oliva virgen extra

½ cucharadita de comino

½ cucharadita de chile jalapeño, picado

1 chile ancho, picado

pimienta negra

½ kilo de berros, picados toscamente

Ponga todos los ingredientes excepto el último en una olla de cocción lenta.

Coloque un puñado de espinacas encima y apague la olla de cocción lenta.

Si no puede caber todo de una vez, cocine primero la primera porción y agregue más espinacas.

Cocine durante 3-4 horas a fuego medio hasta que las chirivías estén blandas.

Raspe los lados y sirva.

Berros y brócoli en salsa de chile y ajo

INGREDIENTES

1 ½ libras de zanahorias, peladas y cortadas en trozos de 1 pulgada

1/2 libra de brócoli, pelado y cortado en trozos de 1 pulgada

½ cebolla, en rodajas finas

taza de agua

½ cubo de vegetales, desmenuzado

1 cucharada. aceite de sésamo

½ cucharadita de salsa de ajo y pimienta

½ cucharadita de jugo de limón verde

½ cucharadita de cebolla verde picada

pimienta negra

½ kilo de berros, picados toscamente

Ponga todos los ingredientes excepto el último en una olla de cocción lenta.

Coloque un puñado de berros encima y apague la olla de cocción lenta.

Si no puede ponerlo todo de una vez, deje que el primer lote se cocine primero y agregue más berros.

Cocine durante 3-4 horas a fuego medio hasta que las zanahorias estén blandas.

Raspe los lados y sirva.

Col china picante y brócoli

INGREDIENTES

1 libra de brócoli, pelado y cortado en trozos de 1 pulgada

1/2 kilo de champiñones, rebanados

½ cebolla, en rodajas finas

taza de agua

½ cubo de vegetales, desmenuzado

1 cucharada. aceite de sésamo

½ cucharadita de polvo chino de cinco especias

½ cucharadita de pimienta de Szechuan

½ cucharadita de pimentón picante

pimienta negra

½ libra de bok choy, picado en trozos grandes

Ponga todos los ingredientes excepto el último en una olla de cocción lenta.

Cubra con un puñado de bok choy y llene la olla de cocción lenta.

Si no puede meterlo todo de una vez, deje que el primer lote se cocine primero y agregue más bok choy.

Cocine durante 3-4 horas a fuego medio hasta que el brócoli esté tierno.

Raspe los lados y sirva.

Espinacas y champiñones Shitake

INGREDIENTES

1 ½ libras de coliflor, pelada y cortada en trozos de 1 pulgada

½ libra de champiñones shitake, en rodajas

½ cebolla roja, en rodajas finas

taza de sopa de verduras

2 cucharadas. aceite de semilla de sésamo

½ cucharadita de vinagre

½ cucharadita de ajo picado

pimienta negra

½ kilo de espinacas frescas, picadas en trozos grandes

Ponga todos los ingredientes excepto el último en una olla de cocción lenta.

Coloque un puñado de espinacas encima y apague la olla de cocción lenta.

Si no puede caber todo de una vez, cocine primero la primera porción y agregue más espinacas.

Cocine durante 3-4 horas a fuego medio hasta que la coliflor esté suave.

Raspe los lados y sirva.

Espinacas y patatas con pesto

INGREDIENTES

1 ½ libras de papas, peladas y cortadas en trozos de 1 pulgada

½ cebolla, en rodajas finas

taza de sopa de verduras

1 cucharada. Aceite de oliva virgen extra

2 cucharadas. Salsa de pesto

pimienta negra

½ kilo de espinacas frescas, picadas en trozos grandes

Ponga todos los ingredientes excepto el último en una olla de cocción lenta.

Coloque un puñado de espinacas encima y apague la olla de cocción lenta.

Si no puede caber todo de una vez, cocine primero la primera porción y agregue más espinacas.

Cocine durante 3-4 horas a fuego medio hasta que las patatas estén blandas.

Raspe los lados y sirva.

Batatas con curry y col rizada

INGREDIENTES

1 ½ libras de batatas, peladas y cortadas en trozos de 1 pulgada

½ cebolla, en rodajas finas

taza de sopa de verduras

1 cucharada. Aceite de oliva virgen extra

2 cucharadas. polvo de curry rojo

pimienta negra

½ kilo de repollo fresco, picado grueso

Ponga todos los ingredientes excepto el último en una olla de cocción lenta.

Coloque un puñado de repollo encima y apague la olla de cocción lenta.

Si no puede meterlo todo de una vez, deje que el primer lote se cocine primero y agregue más repollo.

Cocine durante 3-4 horas a fuego medio hasta que las batatas estén blandas.

Raspe los lados y sirva.

Nabos y nabos al pesto

INGREDIENTES

1 ½ libras de nabos, pelados y cortados en trozos de 1 pulgada

½ cebolla, en rodajas finas

taza de sopa de verduras

1 cucharada. Aceite de oliva virgen extra

2 cucharadas. Salsa de pesto

pimienta negra

½ libra de nabos frescos, picados en trozos grandes

Ponga todos los ingredientes excepto el último en una olla de cocción lenta.

Adorne con un puñado de nabos y apague la olla de cocción lenta.

Si no puede caber todo de una vez, cocine primero la primera porción y agregue más nabos.

Cocine a fuego medio durante 3-4 horas hasta que los nabos estén suaves.

Raspe los lados y sirva.

Acelgas y zanahoria al pesto

INGREDIENTES

1 ½ libras de zanahorias, peladas y cortadas en trozos de 1 pulgada

½ cebolla roja, en rodajas finas

taza de sopa de verduras

2 cucharadas. Aceite de oliva virgen extra

3 cucharadas Salsa de pesto

pimienta negra

½ kilo de remolachas frescas, picadas en trozos grandes

Ponga todos los ingredientes excepto el último en una olla de cocción lenta.

Coloque un puñado de acelgas encima y apague la olla de cocción lenta.

Si no puede ponerlo todo de una vez, deje que el primer lote se cocine primero y agregue más acelgas.

Cocine durante 3-4 horas a fuego medio hasta que las zanahorias estén blandas.

Raspe los lados y sirva.

Col china y zanahorias en salsa de chili y ajo

INGREDIENTES

1 ½ libras de zanahorias, peladas y cortadas en trozos de 1 pulgada

½ cebolla, en rodajas finas

taza de sopa de verduras

1 cucharada. aceite de sésamo

4 dientes de ajo, picados

2 cucharadas. salsa de chile con ajo

pimienta negra

½ libra de bok choy fresco, picado en trozos grandes

Ponga todos los ingredientes excepto el último en una olla de cocción lenta.

Cubra con un puñado de Bok Choy y llene la olla de cocción lenta.

Si no puede ponerlo todo de una vez, cocine primero el primer lote y agregue más Bok Choy.

Cocine durante 3-4 horas a fuego medio hasta que las zanahorias estén blandas.

Raspe los lados y sirva.

nabos y chirivías cocinados a fuego lento

INGREDIENTES

1 ½ libras de chirivías, peladas y cortadas en trozos de 1 pulgada

½ cebolla, en rodajas finas

taza de sopa de verduras

1 cucharada. Aceite de oliva virgen extra

pimienta negra

½ libra de nabos frescos, picados en trozos grandes

Ponga todos los ingredientes excepto el último en una olla de cocción lenta.

Coloque un puñado de espinacas encima y apague la olla de cocción lenta.

Si no puede caber todo de una vez, cocine primero la primera porción y agregue más espinacas.

Cocine durante 3-4 horas a fuego medio hasta que las patatas estén blandas.

Raspe los lados y sirva.

Col y brócoli cocinados a fuego lento

INGREDIENTES

1½ kilos de floretes de brócoli

½ cebolla, en rodajas finas

taza de sopa de verduras

1 cucharada. Aceite de oliva virgen extra

2 cucharadas. Salsa de pesto

pimienta negra

½ kilo de repollo fresco, picado grueso

Ponga todos los ingredientes excepto el último en una olla de cocción lenta.

Coloque un puñado de col rizada encima y llene la olla de cocción lenta.

Si no puede meterlo todo de una vez, deje que el primer lote se cocine primero y agregue más repollo.

Cocine durante 3-4 horas a fuego medio hasta que las flores de brócoli estén tiernas.

Raspe los lados y sirva.

Escarola y zanahorias cocinadas con pesto

INGREDIENTES

1 ½ libras de zanahorias, peladas y cortadas en trozos de 1 pulgada

½ cebolla, en rodajas finas

taza de sopa de verduras

1 cucharada. Aceite de oliva virgen extra

2 cucharadas. Salsa de pesto

pimienta negra

½ libra de escarola fresca, picada en trozos grandes

Ponga todos los ingredientes excepto el último en una olla de cocción lenta.

Agregue un puñado de escarola y apague la olla de cocción lenta.

Si no puede caber todo de una vez, cocine primero la primera porción y agregue más escarola.

Cocine durante 3-4 horas a fuego medio hasta que las zanahorias estén blandas.

Raspe los lados y sirva.

Lechuga romana y coles de Bruselas en cocción lenta

INGREDIENTES

1½ libras de coles de Bruselas

½ cebolla, en rodajas finas

taza de sopa de verduras

1 cucharada. Aceite de oliva virgen extra

pimienta negra

½ libra de lechuga romana fresca, picada en trozos grandes

Ponga todos los ingredientes excepto el último en una olla de cocción lenta.

Coloque un puñado de ensalada encima y apague la olla de cocción lenta.

Si no puede meterlo todo de una vez, deje que la primera porción se cocine primero y agregue más lechuga romana.

Cocine durante 3 horas a fuego medio hasta que las coles de Bruselas estén blandas.

Raspe los lados y sirva.

Escarola y patatas cocidas a fuego lento

INGREDIENTES

1 ½ libras de papas, peladas y cortadas en trozos de 1 pulgada

½ cebolla, en rodajas finas

taza de sopa de verduras

1 cucharada. Aceite de oliva virgen extra

1 cucharadita. condimento italiano

pimienta negra

½ libra de escarola fresca, picada en trozos grandes

Ponga todos los ingredientes excepto el último en una olla de cocción lenta.

Coloque un puñado de espinacas encima y apague la olla de cocción lenta.

Si no puede caber todo de una vez, cocine primero la primera porción y agregue más espinacas.

Cocine durante 3-4 horas a fuego medio hasta que las patatas estén blandas.

Raspe los lados y sirva.

Remolachas y nabos a fuego lento con mantequilla vegana vegana

INGREDIENTES

1 ½ libras de nabos, pelados y cortados en trozos de 1 pulgada

½ cebolla, en rodajas finas

taza de sopa de verduras

4 cucharadas mantequilla o margarina vegana

2 cucharadas. Jugo de limón verde

3 dientes de ajo picados

pimienta negra

½ libra de nabos frescos, picados en trozos grandes

Ponga todos los ingredientes excepto el último en una olla de cocción lenta.

Adorne con un puñado de nabos y llene la olla de cocción lenta.

Si no puede caber todo de una vez, cocine primero la primera porción y agregue más nabos.

Cocine a fuego medio durante 3-4 horas hasta que los nabos estén suaves.

Raspe los lados y sirva.

Repollo y chirivías al vapor en mantequilla vegana

INGREDIENTES

1 ½ libras de chirivías, peladas y cortadas en trozos de 1 pulgada

½ cebolla, en rodajas finas

taza de sopa de verduras

4 cucharadas mantequilla vegana derretida

2 cucharadas. jugo de limon

pimienta negra

½ kilo de repollo fresco, picado grueso

Ponga todos los ingredientes excepto el último en una olla de cocción lenta.

Coloque un puñado de col rizada encima y llene la olla de cocción lenta.

Si no puede meterlo todo de una vez, deje que el primer lote se cocine primero y agregue más repollo.

Cocine durante 3-4 horas a fuego medio hasta que las chirivías estén blandas.

Raspe los lados y sirva.

Espinacas y Zanahorias Cocidas Lentamente al Estilo Chino

INGREDIENTES

1 ½ libras de zanahorias, peladas y cortadas en trozos de 1 pulgada

½ cebolla, en rodajas finas

taza de sopa de verduras

1 cucharada. aceite de sésamo

2 cucharadas. salsa hoisin

pimienta negra

½ kilo de espinacas frescas, picadas en trozos grandes

Ponga todos los ingredientes excepto el último en una olla de cocción lenta.

Coloque un puñado de espinacas encima y apague la olla de cocción lenta.

Si no puede caber todo de una vez, cocine primero la primera porción y agregue más espinacas.

Cocine durante 3-4 horas a fuego medio hasta que las zanahorias estén blandas.

Raspe los lados y sirva.

Col china y zanahorias cocidas a fuego lento

INGREDIENTES

1 ½ libras de zanahorias, peladas y cortadas en trozos de 1 pulgada

½ cebolla, en rodajas finas

taza de sopa de verduras

1 cucharada. aceite de sésamo

1 cucharada. aceite de colza

2 cucharadas. salsa hoisin

pimienta negra

½ libra de bok choy fresco, picado en trozos grandes

Ponga todos los ingredientes excepto el último en una olla de cocción lenta.

Cubra con un puñado de bok choy y llene la olla de cocción lenta.

Si no puede meterlo todo de una vez, deje que el primer lote se cocine primero y agregue más bok choy.

Cocine durante 3-4 horas a fuego medio hasta que las zanahorias estén blandas.

Raspe los lados y sirva.

Cocción lenta de microverduras y patatas

INGREDIENTES

1 ½ libras de papas, peladas y cortadas en trozos de 1 pulgada

½ cebolla, en rodajas finas

taza de sopa de verduras

2 cucharadas. Aceite de oliva virgen extra

1 cucharadita. semillas de achiote

1 cucharadita. comino

1 cucharadita. Jugo de limón verde

pimienta negra

½ libra de microgreens frescos, picados en trozos grandes

Ponga todos los ingredientes excepto el último en una olla de cocción lenta.

Cubra con un puñado de microgreens y apague la olla de cocción lenta.

Si no entra de inmediato, cocina primero la primera porción y agrega más microvegetales.

Cocine durante 3-4 horas a fuego medio hasta que las patatas estén blandas.

Raspe los lados y sirva.

Verduras y patatas cocidas a fuego lento

INGREDIENTES

1 ½ libras de batatas, peladas y cortadas en trozos de 1 pulgada

½ cebolla, en rodajas finas

taza de sopa de verduras

1 cucharada. Aceite de oliva virgen extra

2 cucharadas. Salsa de pesto

pimienta negra

½ kilo de repollo fresco, picado grueso

Ponga todos los ingredientes excepto el último en una olla de cocción lenta.

Coloque un puñado de repollo encima y apague la olla de cocción lenta.

Si no puede meterlo todo de una vez, deje que el primer lote se cocine primero y agregue más repollo.

Cocine durante 3-4 horas a fuego medio hasta que las batatas estén blandas.

Raspe los lados y sirva.

Col morada y patatas cocidas a fuego lento

INGREDIENTES

1 ½ libras de papas, peladas y cortadas en trozos de 1 pulgada

½ cebolla, en rodajas finas

taza de sopa de verduras

1 cucharada. Aceite de oliva virgen extra

pimienta negra

½ libra de col morada fresca, picada en trozos grandes

Ponga todos los ingredientes excepto el último en una olla de cocción lenta.

Coloque un puñado de col morada encima y apague la olla de cocción lenta.

Si no puede meterlo todo de una vez, deje que el primer lote se cocine primero y agregue más repollo morado.

Cocine durante 3-4 horas a fuego medio hasta que las patatas estén blandas.

Raspe los lados y sirva.

Col y zanahorias cocidas a fuego lento

INGREDIENTES

1 ½ libras de zanahorias, peladas y cortadas en trozos de 1 pulgada

½ cebolla, en rodajas finas

taza de sopa de verduras

1 cucharada. Aceite de oliva virgen extra

pimienta negra

½ kilo de repollo fresco, picado grueso

Ponga todos los ingredientes excepto el último en una olla de cocción lenta.

Cubra con un puñado de repollo y apague la olla de cocción lenta.

Si no puede meterlo todo de una vez, deje que el primer lote se cocine primero y agregue más repollo.

Cocine durante 3-4 horas a fuego medio hasta que las zanahorias estén blandas.

Raspe los lados y sirva.

Escarola cocinada a fuego lento en salsa pesto

INGREDIENTES

1 ½ libras de papas, peladas y cortadas en trozos de 1 pulgada

½ cebolla, en rodajas finas

taza de sopa de verduras

1 cucharada. Aceite de oliva virgen extra

2 cucharadas. Salsa de pesto

pimienta negra

½ libra de escarola fresca, picada en trozos grandes

Ponga todos los ingredientes excepto el último en una olla de cocción lenta.

Agregue un puñado de escarola y apague la olla de cocción lenta.

Si no puede caber todo de una vez, cocine primero la primera porción y agregue más escarola.

Cocine durante 3-4 horas a fuego medio hasta que las patatas estén blandas.

Raspe los lados y sirva.

Nabos a fuego lento con pesto

INGREDIENTES

1 ½ libras de papas, peladas y cortadas en trozos de 1 pulgada

½ cebolla, en rodajas finas

taza de sopa de verduras

1 cucharada. Aceite de oliva virgen extra

2 cucharadas. Salsa de pesto

pimienta negra

½ libra de nabos frescos, picados en trozos grandes

Ponga todos los ingredientes excepto el último en una olla de cocción lenta.

Adorne con un puñado de nabos y llene la olla de cocción lenta.

Si no puede caber todo de una vez, cocine primero la primera porción y agregue más nabos.

Cocine durante 3-4 horas a fuego medio hasta que las patatas estén blandas.

Raspe los lados y sirva.

Col china cocida a fuego lento en salsa de judías amarillas

INGREDIENTES

1 ½ libras de nabos, pelados y cortados en trozos de 1 pulgada

½ cebolla, en rodajas finas

taza de sopa de verduras

1 cucharada. aceite de semilla de sésamo

2 cucharadas. cebolla verde picada, finamente picada

4 cucharadas ajo, finamente picado

2 cucharadas. salsa china de frijol amarillo

pimienta negra

½ libra de bok choy fresco, picado en trozos grandes

Ponga todos los ingredientes excepto el último en una olla de cocción lenta.

Cubra con un puñado de bok choy y llene la olla de cocción lenta.

Si no puede meterlo todo de una vez, deje que el primer lote se cocine primero y agregue más bok choy.

Cocine a fuego medio durante 3-4 horas hasta que los nabos estén suaves.

Raspe los lados y sirva.

grelos y patatas hervidas al pesto

INGREDIENTES

1 ½ libras de papas, peladas y cortadas en trozos de 1 pulgada

½ cebolla, en rodajas finas

taza de sopa de verduras

1 cucharada. Aceite de oliva virgen extra

2 cucharadas. Salsa de pesto

pimienta negra

½ libra de nabos frescos, picados en trozos grandes

Ponga todos los ingredientes excepto el último en una olla de cocción lenta.

Adorne con un puñado de nabos y llene la olla de cocción lenta.

Si no puede caber todo de una vez, cocine primero la primera porción y agregue más nabos.

Cocine durante 3-4 horas a fuego medio hasta que las patatas estén blandas.

Raspe los lados y sirva.

Hongos shitake fritos con tomates cherry

ingredientes

1 kilo de nabos, cortados por la mitad

2 cucharadas de aceite de oliva virgen extra

1/2 libra de hongos shitake

8 dientes de ajo sin pelar

3 cucharadas de aceite de sésamo

sal marina y pimienta negra molida al gusto

1/4 de libra de tomates cherry

3 cucharadas de anacardos tostados

1/4 kilo de espinacas, en rodajas finas

Precaliente el horno a 425 grados F.

Extender las patatas en una sartén.

Rocíe con 2 cucharadas de aceite y hornee por 15 minutos, volteando una vez.

Añadir los champiñones, con el tallo hacia arriba.

Añadir los dientes de ajo a la sartén y freír hasta que estén ligeramente dorados.

Sazone con 1 cucharada de aceite de sésamo, sazone con sal marina y pimienta negra.

Volvemos a meterlo en el horno y horneamos durante 5 minutos.

Agregue los tomates cherry a la sartén.

Regrese al horno y hornee por 5 minutos hasta que los champiñones estén suaves.

Espolvorea los anacardos sobre las patatas y los champiñones.

Servir con espinacas.

Chirivías asadas y champiñones con nueces de macadamia

ingredientes

1 kilo de chirivías, cortadas por la mitad

2 cucharadas de aceite de oliva virgen extra

1/2 libra de champiñones champiñones

8 dientes de ajo sin pelar

2 cucharadas de tomillo fresco picado

1 cucharada de aceite de oliva virgen extra

sal marina y pimienta negra molida al gusto

1/4 de libra de tomates cherry

3 cucharadas de nueces de macadamia tostadas

1/4 kilo de espinacas, en rodajas finas

Precaliente el horno a 425 grados F.

Extender las chirivías en una sartén

Rocíe con 2 cucharadas de aceite de oliva y cocine por 15 minutos, volteando una vez.

Añadir los champiñones, con el tallo hacia arriba.

Añadir los dientes de ajo a la sartén y freír hasta que estén ligeramente dorados.

Espolvorear con tomillo.

Sazone con 1 cucharada de aceite de oliva, sazone con sal marina y pimienta negra.

Volvemos a meterlo en el horno y horneamos durante 5 minutos.

Agregue los tomates cherry a la sartén.

Regrese al horno y hornee por 5 minutos hasta que los champiñones estén suaves.

Espolvorea las nueces de macadamia sobre las patatas y los champiñones.

Servir con espinacas.

Champiñones fritos con tomates cherry y piñones

ingredientes

1 kilo de papas, cortadas por la mitad

2 cucharadas de aceite de oliva virgen extra

1/2 libra de champiñones champiñones

8 dientes de ajo sin pelar

2 cucharaditas comino

1 cucharadita. semillas de achiote

½ cucharadita de pimienta de cayena

1 cucharada de aceite de oliva virgen extra

sal marina y pimienta negra molida al gusto

1/4 de libra de tomates cherry

3 cucharadas de piñones tostados

1/4 kilo de espinacas, en rodajas finas

Precaliente el horno a 425 grados F.

Extender las patatas en una sartén.

Rocíe con 2 cucharadas de aceite de oliva y cocine por 15 minutos, volteando una vez.

Añadir los champiñones, con el tallo hacia arriba.

Añadir los dientes de ajo a la sartén y freír hasta que estén ligeramente dorados.

Espolvorea con comino, pimienta de cayena y semillas de achiote.

Sazone con 1 cucharada de aceite de oliva, sazone con sal marina y pimienta negra.

Volvemos a meterlo en el horno y horneamos durante 5 minutos.

Agregue los tomates cherry a la sartén.

Regrese al horno y hornee por 5 minutos hasta que los champiñones estén suaves.

Espolvorear los piñones sobre las patatas y los champiñones.

Servir con espinacas.

Patatas fritas al curry

INGREDIENTES

1 ½ libras de papas, peladas y cortadas en trozos de 1 pulgada

½ cebolla, en rodajas finas

taza de agua

½ cubo de vegetales, desmenuzado

1 cucharada. Aceite de oliva virgen extra

½ cucharadita de comino

½ cucharadita de cilantro molido

½ cucharadita de garam masala

½ cucharadita de pimentón picante

pimienta negra

½ kilo de espinacas frescas, picadas en trozos grandes

Ponga todos los ingredientes excepto el último en una olla de cocción lenta.

Coloque un puñado de espinacas encima y apague la olla de cocción lenta.

Si no puede caber todo de una vez, cocine primero la primera porción y agregue más espinacas.

Cocine durante 3-4 horas a fuego medio hasta que las patatas estén blandas.

Raspe los lados y sirva.

Espinacas asadas y chirivías

INGREDIENTES

1 ½ libras de chirivías, peladas y cortadas en trozos de 1 pulgada

½ cebolla roja, en rodajas finas

taza de agua

½ cubo de vegetales, desmenuzado

1 cucharada. Aceite de oliva virgen extra

½ cucharadita de comino

½ cucharadita de semillas de achiote

½ cucharadita de pimienta de cayena

½ cucharadita de pimentón picante

pimienta negra

½ kilo de espinacas frescas, picadas en trozos grandes

Ponga todos los ingredientes excepto el último en una olla de cocción lenta.

Coloque un puñado de espinacas encima y apague la olla de cocción lenta.

Si no puede caber todo de una vez, cocine primero la primera porción y agregue más espinacas.

Cocine durante 3-4 horas a fuego medio hasta que las patatas estén blandas.

Raspe los lados y sirva.

Repollo asado y batatas

INGREDIENTES

1 ½ libras de batatas, peladas y cortadas en trozos de 1 pulgada

½ cebolla, en rodajas finas

taza de agua

½ cubo de vegetales, desmenuzado

1 cucharada. Aceite de oliva virgen extra

½ cucharadita de comino

½ cucharadita de chile jalapeño, picado

½ cucharadita de pimentón

½ cucharadita de pimentón picante

pimienta negra

½ kilo de repollo fresco, picado grueso

Ponga todos los ingredientes excepto el último en una olla de cocción lenta.

Coloque un puñado de col rizada encima y llene la olla de cocción lenta.

Si no puede meterlo todo de una vez, deje que el primer lote se cocine primero y agregue más repollo.

Cocine durante 3-4 horas a fuego medio hasta que las patatas estén blandas.

Zanahorias y berros fritos al estilo Szechuan

INGREDIENTES

1 ½ libras de zanahorias, peladas y cortadas en trozos de 1 pulgada

½ cebolla roja, en rodajas finas

taza de agua

½ cubo de vegetales, desmenuzado

1 cucharada. aceite de sésamo

½ cucharadita de 5 especias chinas en polvo

½ cucharadita de pimienta de Szechuan

½ cucharadita de pimentón picante

pimienta negra

½ libra de rábano picante de agua dulce, picado en trozos grandes

Ponga todos los ingredientes excepto el último en una olla de cocción lenta.

Coloque un puñado de berros encima y apague la olla de cocción lenta.

Si no puede ponerlo todo de una vez, deje que el primer lote se cocine primero y agregue más berros.

Cocine durante 3-4 horas a fuego medio hasta que las zanahorias estén blandas.

Cebollas y nabos fritos picantes y especiados

INGREDIENTES

1 ½ libras de nabos, pelados y cortados en trozos de 1 pulgada

½ cebolla, en rodajas finas

taza de agua

½ cubo de vegetales, desmenuzado

1 cucharada. Aceite de oliva virgen extra

½ cucharadita de comino

½ cucharadita de semillas de achiote

½ cucharadita de pimienta de cayena

½ cucharadita de jugo de lima

pimienta negra

½ kilo de espinacas frescas, picadas en trozos grandes

Ponga todos los ingredientes excepto el último en una olla de cocción lenta.

Coloque un puñado de espinacas encima y apague la olla de cocción lenta.

Si no puede caber todo de una vez, cocine primero la primera porción y agregue más espinacas.

Cocine durante 3-4 horas a fuego medio hasta que las verduras de raíz estén blandas.

zanahorias al curry

INGREDIENTES

1 ½ libras de zanahorias, peladas y cortadas en trozos de 1 pulgada

½ cebolla, en rodajas finas

taza de agua

½ cubo de vegetales, desmenuzado

1 cucharada. Aceite de oliva virgen extra

½ cucharadita de comino

½ cucharadita de cilantro molido

½ cucharadita de garam masala

½ cucharadita de pimentón picante

pimienta negra

½ kilo de repollo fresco, picado grueso

Ponga todos los ingredientes excepto el último en una olla de cocción lenta.

Coloque un puñado de col rizada encima y llene la olla de cocción lenta.

Si no puede meterlo todo de una vez, deje que el primer lote se cocine primero y agregue más repollo.

Cocine durante 3-4 horas a fuego medio hasta que las verduras de raíz estén blandas.

Espinacas asadas picantes y cebolla

INGREDIENTES

1 ½ libras de zanahorias, peladas y cortadas en trozos de 1 pulgada

½ cebolla, en rodajas finas

taza de agua

½ cubo de vegetales, desmenuzado

1 cucharada. Aceite de oliva virgen extra

½ cucharadita de comino

½ cucharadita de semillas de achiote

½ cucharadita de pimienta de cayena

½ cucharadita de jugo de lima

pimienta negra

½ kilo de espinacas frescas, picadas en trozos grandes

Ponga todos los ingredientes excepto el último en una olla de cocción lenta.

Coloque un puñado de espinacas encima y apague la olla de cocción lenta.

Si no puede caber todo de una vez, cocine primero la primera porción y agregue más espinacas.

Cocine durante 3-4 horas a fuego medio hasta que las verduras de raíz estén blandas.

batatas al horno y espinacas

INGREDIENTES

1 ½ libras de batatas, peladas y cortadas en trozos de 1 pulgada

½ cebolla, en rodajas finas

taza de agua

½ cubo de vegetales, desmenuzado

2 cucharadas. mantequilla o margarina vegana

½ cucharadita de hierbas provenzales

½ cucharadita de tomillo

½ cucharadita de pimentón picante

pimienta negra

½ kilo de espinacas frescas, picadas en trozos grandes

Ponga todos los ingredientes excepto el último en una olla de cocción lenta.

Coloque un puñado de espinacas encima y apague la olla de cocción lenta.

Si no puede caber todo de una vez, cocine primero la primera porción y agregue más espinacas.

Cocine durante 3-4 horas a fuego medio hasta que las patatas estén blandas.

Nabo asado, cebolla y espinacas

INGREDIENTES

1 ½ libras de nabos, pelados y cortados en trozos de 1 pulgada

½ cebolla, en rodajas finas

taza de agua

½ cubo de vegetales, desmenuzado

1 cucharada. Aceite de oliva virgen extra

2 cucharaditas ajo picado

½ cucharadita de jugo de lima

½ cucharadita de pimentón picante

pimienta negra

½ kilo de espinacas frescas, picadas en trozos grandes

Ponga todos los ingredientes excepto el último en una olla de cocción lenta.

Coloque un puñado de espinacas encima y apague la olla de cocción lenta.

Si no puede caber todo de una vez, cocine primero la primera porción y agregue más espinacas.

Cocine a fuego medio durante 3-4 horas hasta que los nabos estén suaves.

Berros y zanahorias asadas con mantequilla vegana
INGREDIENTES

1 ½ libras de zanahorias, peladas y cortadas en trozos de 1 pulgada

½ cebolla, en rodajas finas

taza de agua

½ cubo de vegetales, desmenuzado

1 cucharada. mantequilla/margarina vegana

1 cucharadita de ajo picado

½ cucharadita de jugo de limón

pimienta negra

½ libra de rábano picante de agua dulce, picado en trozos grandes

Ponga todos los ingredientes excepto el último en una olla de cocción lenta.

Coloque un puñado de berros encima y apague la olla de cocción lenta.

Si no puede ponerlo todo de una vez, deje que el primer lote se cocine primero y agregue más berros.

Cocine durante 3-4 horas a fuego medio hasta que las zanahorias estén blandas.

Brócoli asado y espinacas

INGREDIENTES

1½ kilos de floretes de brócoli

½ cebolla, en rodajas finas

taza de agua

½ cubo de vegetales, desmenuzado

1 cucharada. Aceite de oliva virgen extra

½ cucharadita de comino

½ cucharadita de pimentón picante

pimienta negra

½ kilo de espinacas frescas, picadas en trozos grandes

Ponga todos los ingredientes excepto el último en una olla de cocción lenta.

Coloque un puñado de espinacas encima y apague la olla de cocción lenta.

Si no puede caber todo de una vez, cocine primero la primera porción y agregue más espinacas.

Cocine durante 3-4 horas a fuego medio hasta que el brócoli esté tierno.

coliflor frito ahumado y cebolla

INGREDIENTES

1 ½ libras de coliflor, pelada y cortada en trozos de 1 pulgada

½ cebolla roja, en rodajas finas

taza de agua

½ cubo de vegetales, desmenuzado

1 cucharada. Aceite de oliva virgen extra

½ cucharadita de comino

½ cucharadita de pimentón picante

pimienta negra

½ kilo de espinacas frescas, picadas en trozos grandes

Ponga todos los ingredientes excepto el último en una olla de cocción lenta.

Coloque un puñado de espinacas encima y apague la olla de cocción lenta.

Si no puede caber todo de una vez, cocine primero la primera porción y agregue más espinacas.

Cocine durante 3-4 horas a fuego medio hasta que las patatas estén blandas.

Remolacha italiana asada y col rizada

INGREDIENTES

1 ½ libras de remolachas, peladas y cortadas en trozos de 1 pulgada

½ cebolla roja, en rodajas finas

taza de agua

½ cubo de vegetales, desmenuzado

1 cucharada. Aceite de oliva virgen extra

½ cucharadita de aderezo italiano

pimienta negra

½ kilo de repollo fresco, picado grueso

Ponga todos los ingredientes excepto el último en una olla de cocción lenta.

Coloque un puñado de col rizada encima y llene la olla de cocción lenta.

Si no puede meterlo todo de una vez, deje que el primer lote se cocine primero y agregue más repollo.

Cocine durante 3-4 horas a fuego medio hasta que las remolachas estén blandas.

Berros y patatas fritas

INGREDIENTES

1 ½ libras de papas, peladas y cortadas en trozos de 1 pulgada

½ cebolla, en rodajas finas

taza de agua

½ cubo de vegetales, desmenuzado

1 cucharada. aceite de oliva

½ cucharadita de jengibre molido

2 ramitas de limoncillo

½ cucharadita de cebolla verde, picada

½ cucharadita de pimentón picante

pimienta negra

½ kilo de berros, picados toscamente

Ponga todos los ingredientes excepto el último en una olla de cocción lenta.

Coloque un puñado de berros encima y apague la olla de cocción lenta.

Si no puede ponerlo todo de una vez, deje que el primer lote se cocine primero y agregue más berros.

Cocine durante 3-4 horas a fuego medio hasta que las patatas estén blandas.

Espinacas asadas con aceitunas

INGREDIENTES

1 ½ libras de papas, peladas y cortadas en trozos de 1 pulgada

½ aceituna verde, en rodajas finas

taza de agua

½ cubo de vegetales, desmenuzado

1 cucharada. Aceite de oliva virgen extra

½ cucharadita de comino

½ cucharadita de pimentón picante

pimienta negra

½ kilo de espinacas frescas, picadas en trozos grandes

Ponga todos los ingredientes excepto el último en una olla de cocción lenta.

Coloque un puñado de espinacas encima y apague la olla de cocción lenta.

Si no puede caber todo de una vez, cocine primero la primera porción y agregue más espinacas.

Cocine durante 3-4 horas a fuego medio hasta que las patatas estén blandas.

Espinacas asadas con chile jalapeño

INGREDIENTES

1½ kilos de floretes de brócoli

½ cebolla, en rodajas finas

taza de agua

½ cubo de vegetales, desmenuzado

1 cucharada. Aceite de oliva virgen extra

½ cucharadita de comino

8 chiles jalapeños, picados

1 chile ancho

½ cucharadita de pimentón picante

pimienta negra

½ kilo de espinacas frescas, picadas en trozos grandes

Ponga todos los ingredientes excepto el último en una olla de cocción lenta.

Coloque un puñado de espinacas encima y apague la olla de cocción lenta.

Si no puede caber todo de una vez, cocine primero la primera porción y agregue más espinacas.

Cocine durante 3-4 horas a fuego medio hasta que el brócoli esté tierno.

Curry de espinacas fritas

INGREDIENTES

1 ½ libras de papas, peladas y cortadas en trozos de 1 pulgada

½ cebolla, en rodajas finas

taza de agua

½ cubo de vegetales, desmenuzado

1 cucharada. Aceite de oliva virgen extra

½ cucharadita de comino

½ cucharadita de cilantro molido

½ cucharadita de garam masala

½ cucharadita de pimentón picante

pimienta negra

½ kilo de espinacas frescas, picadas en trozos grandes

Ponga todos los ingredientes excepto el último en una olla de cocción lenta.

Coloque un puñado de espinacas encima y apague la olla de cocción lenta.

Si no puede caber todo de una vez, cocine primero la primera porción y agregue más espinacas.

Cocine durante 3-4 horas a fuego medio hasta que las patatas estén blandas.

Brotes de soja tailandeses picantes fritos

INGREDIENTES

1 ½ libras de floretes de coliflor, blanqueados (remojados en agua hirviendo, luego sumergidos en agua helada)

½ taza de brotes de soja, enjuagados

½ taza de agua

½ cubo de vegetales, desmenuzado

1 cucharada. aceite de sésamo

½ cucharadita de pasta de chile tailandés

½ cucharadita de salsa Sriracha picante

½ cucharadita de pimentón picante

2 pimientos de ave tailandeses, finamente picados

pimienta negra

½ kilo de espinacas frescas, picadas en trozos grandes

Ponga todos los ingredientes excepto el último en una olla de cocción lenta.

Coloque un puñado de espinacas encima y apague la olla de cocción lenta.

Si no puede caber todo de una vez, cocine primero la primera porción y agregue más espinacas.

Cocine durante 3-4 horas a fuego medio hasta que las patatas estén blandas.

Espinacas picantes y nabos de Sichuan

INGREDIENTES

1 ½ libras de nabos, pelados y cortados en trozos de 1 pulgada

½ cebolla, en rodajas finas

taza de agua

½ cubo de vegetales, desmenuzado

1 cucharada. aceite de sésamo

½ cucharadita de pasta de ajo y pimienta

½ cucharadita de pimienta de Szechuan

1 anís estrellado

2 pimientos de ave tailandeses, finamente picados

pimienta negra

½ kilo de espinacas frescas, picadas en trozos grandes

Ponga todos los ingredientes excepto el último en una olla de cocción lenta.

Coloque un puñado de espinacas encima y apague la olla de cocción lenta.

Si no puede caber todo de una vez, cocine primero la primera porción y agregue más espinacas.

Cocine a fuego medio durante 3-4 horas hasta que los nabos estén suaves.

Berro tailandés Zanahoria y cebolla

INGREDIENTES

1 ½ libras de zanahorias, peladas y cortadas en trozos de 1 pulgada

½ cebolla, en rodajas finas

taza de agua

½ cubo de vegetales, desmenuzado

1 cucharada. Aceite de oliva virgen extra

1 cucharada. aceite de sésamo

½ cucharadita de pasta de chile tailandés

½ cucharadita de salsa Sriracha picante

½ cucharadita de pimentón picante

2 pimientos de ave tailandeses, finamente picados

pimienta negra

½ kilo de berros, picados toscamente

Ponga todos los ingredientes excepto el último en una olla de cocción lenta.

Coloque un puñado de berros encima y apague la olla de cocción lenta.

Si no puede ponerlo todo de una vez, deje que el primer lote se cocine primero y agregue más berros.

Cocine durante 3-4 horas a fuego medio hasta que las zanahorias estén blandas.

Ñames fritos y batatas

INGREDIENTES

½ libra de batatas moradas, peladas y cortadas en trozos de 1 pulgada

1 libra de batatas, peladas y cortadas en trozos de 1 pulgada

½ cebolla, en rodajas finas

taza de agua

½ cubo de vegetales, desmenuzado

1 cucharada. Aceite de oliva virgen extra

pimienta negra

½ kilo de espinacas frescas, picadas en trozos grandes

Ponga todos los ingredientes excepto el último en una olla de cocción lenta.

Coloque un puñado de espinacas encima y apague la olla de cocción lenta.

Si no puede caber todo de una vez, cocine primero la primera porción y agregue más espinacas.

Cocine durante 3-4 horas a fuego medio hasta que las patatas estén blandas.

Patatas y ñame blanco asado

INGREDIENTES

1/2 libra de papas, peladas y cortadas en trozos de 1 pulgada

½ libra de ñame blanco, pelado y cortado en trozos de 1 pulgada

1/2 libra de zanahorias, peladas y cortadas en trozos de 1 pulgada

½ cebolla roja, en rodajas finas

taza de agua

½ cubo de vegetales, desmenuzado

1 cucharada. Aceite de oliva virgen extra

½ cucharadita de comino

½ cucharadita de cilantro molido

½ cucharadita de garam masala

½ cucharadita de pimienta de cayena

pimienta negra

½ kilo de espinacas frescas, picadas en trozos grandes

Ponga todos los ingredientes excepto el último en una olla de cocción lenta.

Coloque un puñado de espinacas encima y apague la olla de cocción lenta.

Si no puede caber todo de una vez, cocine primero la primera porción y agregue más espinacas.

Cocine durante 3-4 horas a fuego medio hasta que las patatas estén blandas.

Chirivías y nabos húngaros

INGREDIENTES

1/2 libra de nabos, pelados y cortados en trozos de 1 pulgada

1/2 libra de zanahorias, peladas y cortadas en trozos de 1 pulgada

1/2 libra de chirivías, peladas y cortadas en trozos de 1 pulgada

½ cebolla roja, en rodajas finas

taza de agua

½ cubo de vegetales, desmenuzado

1 cucharada. Aceite de oliva virgen extra

½ cucharadita de pimentón en polvo

½ cucharadita de chile en polvo

pimienta negra

½ kilo de espinacas frescas, picadas en trozos grandes

Ponga todos los ingredientes excepto el último en una olla de cocción lenta.

Coloque un puñado de espinacas encima y apague la olla de cocción lenta.

Si no puede caber todo de una vez, cocine primero la primera porción y agregue más espinacas.

Cocine a fuego medio durante 3-4 horas hasta que los nabos estén suaves.

Espinacas asadas simples

INGREDIENTES

1 ½ libras de brócoli, pelado y cortado en trozos de 1 pulgada

½ cebolla roja, en rodajas finas

taza de sopa de verduras

1 cucharada. Aceite de oliva virgen extra

½ cucharadita de aderezo italiano

½ cucharadita de pimentón picante

pimienta negra

½ kilo de espinacas frescas, picadas en trozos grandes

Ponga todos los ingredientes excepto el último en una olla de cocción lenta.

Coloque un puñado de espinacas encima y apague la olla de cocción lenta.

Si no puede caber todo de una vez, cocine primero la primera porción y agregue más espinacas.

Cocine durante 3-4 horas a fuego medio hasta que el brócoli esté tierno.

Espinacas y zanahorias asadas del sudeste asiático

INGREDIENTES

1/2 libra de nabos, pelados y cortados en trozos de 1 pulgada

1/2 libra de zanahorias, peladas y cortadas en trozos de 1 pulgada

1/2 libra de chirivías, peladas y cortadas en trozos de 1 pulgada

½ cebolla roja, en rodajas finas

½ taza de caldo de verduras

1 cucharada. Aceite de oliva virgen extra

½ cucharadita de jengibre molido

2 ramitas de limoncillo

8 dientes de ajo, picados

pimienta negra

½ kilo de espinacas frescas, picadas en trozos grandes

Ponga todos los ingredientes excepto el último en una olla de cocción lenta.

Coloque un puñado de espinacas encima y apague la olla de cocción lenta.

Si no puede caber todo de una vez, cocine primero la primera porción y agregue más espinacas.

Cocine a fuego medio durante 3-4 horas hasta que los nabos estén suaves.

Repollo y coles de bruselas fritas

INGREDIENTES

1 ½ libras de coles de Bruselas, peladas y cortadas en trozos de 1 pulgada

½ cebolla roja, en rodajas finas

taza de agua

½ cubo de vegetales, desmenuzado

1 cucharada. Aceite de oliva virgen extra

½ cucharadita de pimentón picante

pimienta negra

½ kilo de repollo picado toscamente

Ponga todos los ingredientes excepto el último en una olla de cocción lenta.

Coloque un puñado de col rizada encima y llene la olla de cocción lenta.

Si no puede meterlo todo de una vez, deje que el primer lote se cocine primero y agregue más repollo.

Cocine durante 3 horas a fuego medio hasta que las coles de Bruselas estén blandas.

Espinacas con curry y patatas

INGREDIENTES

1 ½ libras de papas, peladas y cortadas en trozos de 1 pulgada

½ cebolla, en rodajas finas

taza de agua

½ cubo de vegetales, desmenuzado

1 cucharada. Aceite de oliva virgen extra

½ cucharadita de comino

½ cucharadita de cilantro molido

½ cucharadita de garam masala

½ cucharadita de pimentón picante

pimienta negra

½ kilo de espinacas frescas, picadas en trozos grandes

Ponga todos los ingredientes excepto el último en una olla de cocción lenta.

Coloque un puñado de espinacas encima y apague la olla de cocción lenta.

Si no puede caber todo de una vez, cocine primero la primera porción y agregue más espinacas.

Cocine durante 3-4 horas a fuego medio hasta que las patatas estén blandas.

Curry de boniato y col rizada

INGREDIENTES

1 ½ libras de batatas, peladas y cortadas en trozos de 1 pulgada

½ cebolla, en rodajas finas

taza de agua

½ cubo de vegetales, desmenuzado

1 cucharada. Aceite de oliva virgen extra

½ cucharadita de comino

½ cucharadita de cilantro molido

½ cucharadita de garam masala

½ cucharadita de pimentón picante

pimienta negra

½ kilo de repollo picado toscamente

Ponga todos los ingredientes excepto el último en una olla de cocción lenta.

Coloque un puñado de col rizada encima y llene la olla de cocción lenta.

Si no puede meterlo todo de una vez, deje que el primer lote se cocine primero y agregue más repollo.

Cocine durante 3-4 horas a fuego medio hasta que las batatas estén blandas.

Berros jalapeños y chirivías

INGREDIENTES

1 ½ libras de chirivías, peladas y cortadas en trozos de 1 pulgada

½ cebolla roja, en rodajas finas

taza de agua

½ cubo de vegetales, desmenuzado

1 cucharada. Aceite de oliva virgen extra

½ cucharadita de comino

½ cucharadita de chile jalapeño, picado

1 chile ancho, picado

pimienta negra

½ kilo de berros, picados toscamente

Ponga todos los ingredientes excepto el último en una olla de cocción lenta.

Coloque un puñado de espinacas encima y apague la olla de cocción lenta.

Si no puede caber todo de una vez, cocine primero la primera porción y agregue más espinacas.

Cocine durante 3-4 horas a fuego medio hasta que las chirivías estén blandas.

Berros y brócoli en salsa de chile y ajo

INGREDIENTES

1 ½ libras de zanahorias, peladas y cortadas en trozos de 1 pulgada

1/2 libra de brócoli, pelado y cortado en trozos de 1 pulgada

½ cebolla, en rodajas finas

taza de agua

½ cubo de vegetales, desmenuzado

1 cucharada. aceite de sésamo

½ cucharadita de salsa de ajo y pimienta

½ cucharadita de jugo de limón verde

½ cucharadita de cebolla verde picada

pimienta negra

½ kilo de berros, picados toscamente

Ponga todos los ingredientes excepto el último en una olla de cocción lenta.

Coloque un puñado de berros encima y apague la olla de cocción lenta.

Si no puede ponerlo todo de una vez, deje que el primer lote se cocine primero y agregue más berros.

Cocine durante 3-4 horas a fuego medio hasta que las zanahorias estén blandas.

Bok Choy picante y brócoli

INGREDIENTES

1 libra de brócoli, pelado y cortado en trozos de 1 pulgada

1/2 kilo de champiñones, rebanados

½ cebolla, en rodajas finas

taza de agua

½ cubo de vegetales, desmenuzado

1 cucharada. aceite de sésamo

½ cucharadita de polvo chino de cinco especias

½ cucharadita de pimienta de Szechuan

½ cucharadita de pimentón picante

pimienta negra

½ libra de bok choy, picado en trozos grandes

Ponga todos los ingredientes excepto el último en una olla de cocción lenta.

Cubra con un puñado de bok choy y llene la olla de cocción lenta.

Si no puede meterlo todo de una vez, deje que el primer lote se cocine primero y agregue más bok choy.

Cocine durante 3-4 horas a fuego medio hasta que el brócoli esté tierno.

Espinacas y champiñones Shitake

INGREDIENTES

1 ½ libras de coliflor, pelada y cortada en trozos de 1 pulgada

½ libra de champiñones shitake, en rodajas

½ cebolla roja, en rodajas finas

taza de sopa de verduras

2 cucharadas. aceite de semilla de sésamo

½ cucharadita de vinagre

½ cucharadita de ajo picado

pimienta negra

½ kilo de espinacas frescas, picadas en trozos grandes

Ponga todos los ingredientes excepto el último en una olla de cocción lenta.

Coloque un puñado de espinacas encima y apague la olla de cocción lenta.

Si no puede caber todo de una vez, cocine primero la primera porción y agregue más espinacas.

Cocine durante 3-4 horas a fuego medio hasta que la coliflor esté suave.

Espinacas y patatas con pesto

INGREDIENTES

1 ½ libras de papas, peladas y cortadas en trozos de 1 pulgada

½ cebolla, en rodajas finas

taza de sopa de verduras

1 cucharada. Aceite de oliva virgen extra

2 cucharadas. Salsa de pesto

pimienta negra

½ kilo de espinacas frescas, picadas en trozos grandes

Ponga todos los ingredientes excepto el último en una olla de cocción lenta.

Coloque un puñado de espinacas encima y apague la olla de cocción lenta.

Si no puede caber todo de una vez, cocine primero la primera porción y agregue más espinacas.

Cocine durante 3-4 horas a fuego medio hasta que las patatas estén blandas.

Curry de boniato y col rizada

INGREDIENTES

1 ½ libras de batatas, peladas y cortadas en trozos de 1 pulgada

½ cebolla, en rodajas finas

taza de sopa de verduras

1 cucharada. Aceite de oliva virgen extra

2 cucharadas. polvo de curry rojo

pimienta negra

½ kilo de repollo fresco, picado grueso

Ponga todos los ingredientes excepto el último en una olla de cocción lenta.

Coloque un puñado de repollo encima y apague la olla de cocción lenta.

Si no puede meterlo todo de una vez, deje que el primer lote se cocine primero y agregue más repollo.

Cocine durante 3-4 horas a fuego medio hasta que las batatas estén blandas.

Nabos y nabos al pesto

INGREDIENTES

1 ½ libras de nabos, pelados y cortados en trozos de 1 pulgada

½ cebolla, en rodajas finas

taza de sopa de verduras

1 cucharada. Aceite de oliva virgen extra

2 cucharadas. Salsa de pesto

pimienta negra

½ libra de nabos frescos, picados en trozos grandes

Ponga todos los ingredientes excepto el último en una olla de cocción lenta.

Adorne con un puñado de nabos y apague la olla de cocción lenta.

Si no puede caber todo de una vez, cocine primero la primera porción y agregue más nabos.

Cocine a fuego medio durante 3-4 horas hasta que los nabos estén suaves.

Acelgas y zanahoria al pesto

INGREDIENTES

1 ½ libras de zanahorias, peladas y cortadas en trozos de 1 pulgada

½ cebolla roja, en rodajas finas

taza de sopa de verduras

2 cucharadas. Aceite de oliva virgen extra

3 cucharadas Salsa de pesto

pimienta negra

½ kilo de remolachas frescas, picadas en trozos grandes

Ponga todos los ingredientes excepto el último en una olla de cocción lenta.

Coloque un puñado de acelgas encima y apague la olla de cocción lenta.

Si no puede ponerlo todo de una vez, deje que el primer lote se cocine primero y agregue más acelgas.

Cocine durante 3-4 horas a fuego medio hasta que las zanahorias estén blandas.

Bok Choy y zanahorias en salsa de chili y ajo

INGREDIENTES

1 ½ libras de zanahorias, peladas y cortadas en trozos de 1 pulgada

½ cebolla, en rodajas finas

taza de sopa de verduras

1 cucharada. aceite de sésamo

4 dientes de ajo, picados

2 cucharadas. salsa de chile con ajo

pimienta negra

½ libra de bok choy fresco, picado en trozos grandes

Ponga todos los ingredientes excepto el último en una olla de cocción lenta.

Cubra con un puñado de Bok Choy y llene la olla de cocción lenta.

Si no puede ponerlo todo de una vez, cocine primero el primer lote y agregue más Bok Choy.

Cocine durante 3-4 horas a fuego medio hasta que las zanahorias estén blandas.

nabos y chirivías cocinados a fuego lento

INGREDIENTES

1 ½ libras de chirivías, peladas y cortadas en trozos de 1 pulgada

½ cebolla, en rodajas finas

taza de sopa de verduras

1 cucharada. Aceite de oliva virgen extra

pimienta negra

½ libra de nabos frescos, picados en trozos grandes

Ponga todos los ingredientes excepto el último en una olla de cocción lenta.

Coloque un puñado de espinacas encima y apague la olla de cocción lenta.

Si no puede caber todo de una vez, cocine primero la primera porción y agregue más espinacas.

Cocine durante 3-4 horas a fuego medio hasta que las patatas estén blandas.

Cocine al vapor el repollo y el brócoli

INGREDIENTES

1½ kilos de floretes de brócoli

½ cebolla, en rodajas finas

taza de sopa de verduras

1 cucharada. Aceite de oliva virgen extra

2 cucharadas. Salsa de pesto

pimienta negra

½ kilo de repollo fresco, picado grueso

Ponga todos los ingredientes excepto el último en una olla de cocción lenta.

Coloque un puñado de col rizada encima y llene la olla de cocción lenta.

Si no puede meterlo todo de una vez, deje que el primer lote se cocine primero y agregue más repollo.

Cocine durante 3-4 horas a fuego medio hasta que las flores de brócoli estén tiernas.

Escarola y zanahoria al pesto

INGREDIENTES

1 ½ libras de zanahorias, peladas y cortadas en trozos de 1 pulgada

½ cebolla, en rodajas finas

taza de sopa de verduras

1 cucharada. Aceite de oliva virgen extra

2 cucharadas. Salsa de pesto

pimienta negra

½ libra de escarola fresca, picada en trozos grandes

Ponga todos los ingredientes excepto el último en una olla de cocción lenta.

Agregue un puñado de escarola y apague la olla de cocción lenta.

Si no puede caber todo de una vez, cocine primero la primera porción y agregue más escarola.

Cocine durante 3-4 horas a fuego medio hasta que las zanahorias estén blandas.

Ensalada romana y coles de Bruselas a fuego lento

INGREDIENTES

1½ libras de coles de Bruselas

½ cebolla, en rodajas finas

taza de sopa de verduras

1 cucharada. Aceite de oliva virgen extra

pimienta negra

½ libra de lechuga romana fresca, picada en trozos grandes

Ponga todos los ingredientes excepto el último en una olla de cocción lenta.

Coloque un puñado de ensalada encima y apague la olla de cocción lenta.

Si no puede meterlo todo de una vez, deje que la primera porción se cocine primero y agregue más lechuga romana.

Cocine durante 3 horas a fuego medio hasta que las coles de Bruselas estén blandas.

Escarola y patatas cocidas a fuego lento

INGREDIENTES

1 ½ libras de papas, peladas y cortadas en trozos de 1 pulgada

½ cebolla, en rodajas finas

taza de sopa de verduras

1 cucharada. Aceite de oliva virgen extra

1 cucharadita. condimento italiano

pimienta negra

½ libra de escarola fresca, picada en trozos grandes

Ponga todos los ingredientes excepto el último en una olla de cocción lenta.

Coloque un puñado de espinacas encima y apague la olla de cocción lenta.

Si no puede caber todo de una vez, cocine primero la primera porción y agregue más espinacas.

Cocine durante 3-4 horas a fuego medio hasta que las patatas estén blandas.

Remolachas y nabos a fuego lento con mantequilla vegana vegana

INGREDIENTES

1 ½ libras de nabos, pelados y cortados en trozos de 1 pulgada

½ cebolla, en rodajas finas

taza de sopa de verduras

4 cucharadas mantequilla o margarina vegana

2 cucharadas. Jugo de limón verde

3 dientes de ajo picados

pimienta negra

½ libra de nabos frescos, picados en trozos grandes

Ponga todos los ingredientes excepto el último en una olla de cocción lenta.

Adorne con un puñado de nabos y llene la olla de cocción lenta.

Si no puede caber todo de una vez, cocine primero la primera porción y agregue más nabos.

Cocine a fuego medio durante 3-4 horas hasta que los nabos estén suaves.

Repollo y chirivías al vapor en mantequilla vegana

INGREDIENTES

1 ½ libras de chirivías, peladas y cortadas en trozos de 1 pulgada

½ cebolla, en rodajas finas

taza de sopa de verduras

4 cucharadas mantequilla vegana derretida

2 cucharadas. jugo de limon

pimienta negra

½ kilo de repollo fresco, picado grueso

Ponga todos los ingredientes excepto el último en una olla de cocción lenta.

Coloque un puñado de col rizada encima y llene la olla de cocción lenta.

Si no puede meterlo todo de una vez, deje que el primer lote se cocine primero y agregue más repollo.

Cocine durante 3-4 horas a fuego medio hasta que las chirivías estén blandas.

Espinacas y Zanahorias Cocidas Lentamente al Estilo Chino

INGREDIENTES

1 ½ libras de zanahorias, peladas y cortadas en trozos de 1 pulgada

½ cebolla, en rodajas finas

taza de sopa de verduras

1 cucharada. aceite de sésamo

2 cucharadas. salsa hoisin

pimienta negra

½ kilo de espinacas frescas, picadas en trozos grandes

Ponga todos los ingredientes excepto el último en una olla de cocción lenta.

Coloque un puñado de espinacas encima y apague la olla de cocción lenta.

Si no puede caber todo de una vez, cocine primero la primera porción y agregue más espinacas.

Cocine durante 3-4 horas a fuego medio hasta que las zanahorias estén blandas.

Bok Choy y Zanahorias en Olla de Cocción Lenta

INGREDIENTES

1 ½ libras de zanahorias, peladas y cortadas en trozos de 1 pulgada

½ cebolla, en rodajas finas

taza de sopa de verduras

1 cucharada. aceite de sésamo

1 cucharada. aceite de colza

2 cucharadas. salsa hoisin

pimienta negra

½ libra de bok choy fresco, picado en trozos grandes

Ponga todos los ingredientes excepto el último en una olla de cocción lenta.

Cubra con un puñado de bok choy y llene la olla de cocción lenta.

Si no puede meterlo todo de una vez, deje que el primer lote se cocine primero y agregue más bok choy.

Cocine durante 3-4 horas a fuego medio hasta que las zanahorias estén blandas.

Cocción lenta de microverduras y patatas

INGREDIENTES

1 ½ libras de papas, peladas y cortadas en trozos de 1 pulgada

½ cebolla, en rodajas finas

taza de sopa de verduras

2 cucharadas. Aceite de oliva virgen extra

1 cucharadita. semillas de achiote

1 cucharadita. comino

1 cucharadita. Jugo de limón verde

pimienta negra

½ libra de microgreens frescos, picados en trozos grandes

Ponga todos los ingredientes excepto el último en una olla de cocción lenta.

Cubra con un puñado de microgreens y apague la olla de cocción lenta.

Si no entra de inmediato, cocina primero la primera porción y agrega más microvegetales.

Cocine durante 3-4 horas a fuego medio hasta que las patatas estén blandas.

Raspe los lados y sirva.

www.ingramcontent.com/pod-product-compliance
Lightning Source LLC
Chambersburg PA
CBHW071431080526
44587CB00014B/1796